OBSERVATIONS

SUR

LE DISCOURS PRONONCÉ

PAR S. E. LE MINISTRE DE L'INTÉRIEUR

EN FAVEUR DU PROJET DE LOI

SUR LA LIBERTÉ DE LA PRESSE,

PAR M. BENJAMIN DE CONSTANT.

SECONDE ÉDITION, REVUE ET CORRIGÉE.

DE L'IMPRIMERIE DE MAME FRÈRES.

A PARIS,

CHEZ H. NICOLLE, LIBRAIRE, RUE DE SEINE, Nº 12.

1814.

OBSERVATIONS

SUR

LE DISCOURS PRONONCÉ

PAR S. E. LE MINISTRE DE L'INTÉRIEUR

EN FAVEUR DU PROJET DE LOI

SUR LA LIBERTÉ DE LA PRESSE.

JE n'ai pu entendre le discours que Son Excellence le ministre de l'intérieur a prononcé dans la chambre des députés en faveur du projet de loi relatif à la liberté de la presse. L'empressement naturel qu'a mis le public à suivre une discussion dirigée par un homme de beaucoup d'esprit, qui soutenoit une thèse contestée avec une éloquence qu'on dit séduisante, ne m'a pas permis de pénétrer dans les rangs des auditeurs. J'ai donc été forcé de chercher dans les journaux des extraits, dont je suis disposé à croire plusieurs fort inexacts, vu la réputation de talent et de

logique du ministre dont ils ont prétendu rap-
porter les paroles. Le Moniteur cependant est
revêtu d'un caractère officiel qui m'autorise à con-
sidérer comme authentique l'analyse qu'il a présentée. L'exposé qui nous a été transmis par le
Moniteur est donc la base des observations que
l'on va lire.

Je crois ne rien faire d'inconvenant en publiant
ces observations. On nous annonce beaucoup de
liberté. Plus les dispositions proposées ont pu
sembler sévères à des imaginations ombrageuses,
plus l'exécution sera, dit-on, rassurante. Il n'y
aura rien d'ailleurs dans mes observations, je
l'espère, qui sorte des bornes d'une légitime discussion. Il n'y aura rien, j'en suis bien sûr, qui
n'exprime une profonde vénération pour un
prince dont la sagesse et la modération sont, tous
les jours plus, notre principal motif d'espérance.
Mais dans tout pays qui veut être libre, il est
essentiel de ne pas confondre le roi avec ses ministres. Cet axiome, qui est d'une application
générale, ne peut déplaire au ministère actuel.
Si une constitution, comme je l'ai dit ailleurs, est
un acte d'union entre le trône et le peuple, elle
n'en est pas moins en même temps un acte de
précaution contre les hommes chargés dans un
rang inférieur de l'exercice de l'autorité. Car au-

cune constitution ne seroit nécessaire, si on les supposoit doués d'une sagesse infaillible et d'une modération à toute épreuve. Le roi, dans un pays libre, est un être à part, supérieur à toutes les diversités d'opinions, n'ayant d'autre intérêt que le maintien de l'ordre et le maintien de la liberté, ne pouvant jamais rentrer dans la condition commune, inaccessible en conséquence à toutes les passions que cette condition fait naître, et à toutes celles que la perspective de s'y retrouver nourrit nécessairement dans le cœur des agens investis d'une puissance momentanée. Cette auguste prérogative de la royauté doit répandre dans l'esprit du monarque un calme, et dans son âme un sentiment de repos qui ne peuvent être le partage d'aucun individu dans une position inférieure. Le roi plane, pour ainsi dire, au-dessus des agitations humaines, et c'est le chef-d'œuvre de la monarchie que d'avoir ainsi créé, dans le sein même des dissentimens, sans lesquels nulle liberté n'existe, une sphère inviolable de sécurité, de majesté, d'impartialité, qui permet à ces dissentimens de se développer sans péril, tant qu'ils n'excèdent pas certaines limites, et qui, dès que le danger s'annonce, y met un terme par des moyens légaux, constitutionnels, et dégagés de tout arbitraire. Mais si l'on transportoit aux ministres cette inviolabilité royale, tous ces avantages seroient perdus. Les ministres sont dans une situation directement opposée à celle du roi. Ils exercent des fonctions éminentes ; mais ils sont toujours exposés à les perdre. Le triomphe de leurs opinions est nécessaire à leur existence. Ils ont à se mesurer avec tous les intérêts, avec toutes les passions. L'amour du bien et l'amour d'eux-mêmes, qui est aussi quelquefois un motif puissant, doivent les tenir dans une activité perpétuelle, et cette activité forcée et constante peut les entraîner dans quelques erreurs.

Si l'on confondoit le roi avec ses ministres, on ne pourroit défendre la monarchie sans renoncer à la liberté, ni la liberté sans compromettre la monarchie. Dans le premier cas, le pouvoir ministériel seroit inviolable comme le pouvoir royal ; il y auroit despotisme : dans le second, le pouvoir royal seroit menacé avec le pouvoir ministériel ; il y auroit anarchie.

N'oublions donc jamais cette grande vérité, cette vérité qui établit d'une manière si incontestable la supériorité de la monarchie, mais de la monarchie constitutionnelle seulement, sur le gouvernement républicain, dans lequel il a été impossible jusqu'ici de séparer le pouvoir exécutif du pouvoir suprême, et de résister à l'un sans ébranler l'autre. Distinguons toujours le roi d'avec ses ministres, même quand ces derniers paroissent mériter toute confiance. Rendons hommage au chef suprême d'un peuple libre ; plus nous dirigerons nos regards vers le prince qui nous gouverne, plus cet hommage à rendre sera facile et doux ; mais examinons avec liberté, bien qu'avec décence, tous les actes, toutes les propositions ministérielles.

Je pense donc, la constitution à la main, ne pas excéder les droits légitimes de tout citoyen, en analysant la défense alléguée pour un projet de loi par le ministre qui l'a proposé. Je le pense aussi d'après la libéralité d'intentions dont on nous assure ; et je me livre sans crainte à cet examen.

Je vois d'abord qu'après un préambule d'usage le ministre cherche à démontrer que le projet de loi ne tendra point à arrêter le progrès des lumières. « Ne sont-elles pas, dit-il, la « gloire de la nation française ? les autres peuples « en sont jaloux. Ils ne parviendront pas à nous « atteindre. Nous avons essentiellement le do- « maine des lettres. La gloire que nos grands « écrivains ont répandue sur la France restera « toujours son magnifique patrimoine. Nos rois

« se sont plu à le protéger, à l'augmenter. L'un
« d'eux a mérité le titre de père des lettres, et
« c'est par elles surtout que Louis XIV, qui les
« protégeoit, a illustré son règne et donné son
« nom à son siècle. »

En lisant cet hommage éloquent rendu à la
gloire littéraire de la France, je me demande si
l'objection que le ministre réfute est bien celle
qu'on lui a proposée. Il me semble qu'il n'a
point été question d'examiner si un peuple pouvoit s'illustrer par des chefs-d'œuvre littéraires
sous le régime de la censure, mais si un peuple
pouvoit être libre, quand des hommes nommés
par l'autorité avoient la faculté d'arrêter la manifestation de la pensée, les réclamations des op-
primés, l'investigation des mesures proposées ;
en un mot, la publication de tout ce qui inté-
resse le maintien de la liberté individuelle, l'indépendance des consciences, l'administration de la
justice, le perfectionnement des lois, la réparti-
tion équitable des impôts.

Il ne s'agit pas encore de décider si la liberté
de la presse est le meilleur moyen d'obtenir la
garantie de toutes ces choses ; mais il s'agissoit
pour le ministre de répondre à ceux qui le croient:
et il me paroît qu'il ne leur a nullement répondu.

Les censeurs ne seront pas destinés, que je pense,
à veiller à ce que les règles du poëme épique
et les trois unités de la tragédie soient bien ob-
servées. Leur juridiction sera d'une toute autre
nature. C'est sur les abus de cette juridiction qu'il
falloit rassurer les esprits alarmés. Jusqu'à pré-
sent, ce qu'a dit le ministre n'atteint pas ce but.
Voyons si ce qu'il ajoute s'en rapproche.

« La censure, qui inspire tant d'alarmes, devient
« opportune aux bonnes lettres. Rappelez-vous
« qu'à Rome, lorsqu'il n'y eut plus de censeurs,
« les bonnes mœurs se perdirent. »

J'ai relu deux fois ce passage sans le bien comprendre. Certes, ni le ministre ni la chambre
des députés ne ressemblent à cet homme qui
confondoit les consuls de Rome avec un consul
danois résidant à Bordeaux ; mais je m'en explique
d'autant moins l'analogie qui peut exister entre la
censure romaine qui s'exerçoit par les premiers
de l'état sur les sénateurs, les chevaliers et le
peuple, sur les emplois publics, la vie privée,
les mariages et l'intérieur des familles, et la censure française qui s'exercera par des commis-
saires à mille écus par an, sur les livres, les
pamphlets et les journaux.

« Sous le beau siècle de Louis XIV, continue
« le ministre, n'existoit-il pas une censure bien

« terrible ? Vous vous rappelez avec quelle sévé-
« rité des auteurs qui avoient écrit sur des ma-
« tières politiques étoient poursuivis par les cours
« judiciaires. Eh bien ! a-t-elle empêché que notre
« littérature soit parvenue au plus haut degré de
« gloire ? »

Tout à l'heure je n'ai pas assez compris, ici je
craindrois de trop comprendre. Voudroit-on ra-
mener ces temps où les auteurs qui écrivoient sur
des matières politiques étoient poursuivis si sé-
vèrement ? Toute la gloire de la littérature de
Louis XIV ne me paroît pas un dédommagement
suffisant pour des exils, des emprisonnemens et
des persécutions arbitraires. Je ne crois point
d'ailleurs que ces choses soient inséparables. Il
ne me paroît pas qu'il fût nécessaire que le Télé-
maque fût proscrit pour que l'Iphigénie en Aulide
fût parfaite.

Oui sans doute, le génie s'élève au-dessus de
toutes les entraves, il brave tous les dangers, il
grandit au milieu de l'oppression ; mais ce n'est
pas une excuse pour ceux qui l'oppriment. Avec
le raisonnement que nous rapportons, l'inquisi-
tion auroit pu se faire un mérite des progrès de
l'esprit humain, quand elle s'efforçoit d'y mettre
obstacle. Elle auroit pu dire : nous ne nuisons
point aux découvertes, car c'est sous notre empire

que Galilée a découvert le mouvement de la terre : elle auroit aussi pu ajouter , c'est dans nos cachots.

A Dieu ne plaise que je compare ces temps avec les nôtres ! La publicité même que je donne à ces observations prouve que j'apprécie l'heureuse différence des époques. Mais il n'en est pas moins vrai que les argumens que je réfute sont défectueux. Le ministre commence par répondre à ce qu'on ne lui objecte pas ; il ne répond point à ce qu'on lui avoit objecté. Ensuite il prend pour l'effet d'un régime ce qui étoit une réaction contre ce régime. Il conclut, de ce que des chefs-d'œuvre ont été produits sous l'arbitraire , que c'est à l'arbitraire qu'on doit ces chefs-d'œuvre ; et, sans le vouloir assurément, il semble regretter cet arbitraire , et insinuer qu'il faudroit le rétablir pour obtenir le même résultat.

Je poursuis.

« La censure ne peut jamais être funeste aux « lettres, ni pénible pour ceux qui les cultivent. » J'ai déjà montré qu'il n'étoit pas question de savoir si la censure seroit funeste aux lettres proprement dites , mais si elle le seroit à la liberté , aux lumières de détail, qu'il est désirable de voir répandues sur les diverses branches de l'administration ; à la réparation des injustices, dont les unes sont abrégées, les autres prévenues par la certitude d'une publicité immédiate. Quant à l'assertion que la censure ne sera point pénible pour ceux qui cultivent les lettres, sur quoi cette assertion est-elle fondée? Quelle garantie le ministre lui-même peut-il avoir de la conduite de chaque censeur; conduite qui dépend de son caractère, de ses relations, de mille circonstances secrètes ou passagères? Jugera-t-il par les procédés de ce censeur envers lui, autorité supérieure, de ceux de cet homme envers les écrivains placés dans sa dépendance? Ne sait-on pas que les plus obséquieux envers la puissance sont les plus arrogans envers la foiblesse? Qui nous répondra de leurs caprices, ou de leur paresse, ou de leur timidité?

Qu'il me soit permis de citer à cet égard un fait qui m'est personnel. Je ne commets point d'indiscrétion en le racontant : on ne m'a point demandé de le taire; et il me donnera de plus l'occasion de témoigner ma reconnoissance à un homme éclairé, dont je voudrois beaucoup voir supprimer la place, mais dont j'honore le caractère. Pendant qu'on discutoit la constitution, j'ai publié quelques réflexions sur les garanties constitutionnelles. Elles ont été reçues avec bienveillance, ce qui me prouve qu'elles ne contenoient

au moins rien de condamnable. Cependant l'im-
primeur à qui je les avois confiées s'étant rendu
chez un censeur, que je ne nommerai pas, en
obtint la réponse suivante, qu'il vint me rap-
porter avec la plus scrupuleuse exactitude : *Je ne
veux pas qu'on publie rien sur la constitution.
Si elle est acceptée par le roi* (on croyoit alors
que le gouvernement suivroit cette marche), *il
ne faut pas qu'on écrive contre. Si elle est re-
jetée, il ne faut pas qu'on écrive pour.* Je portai
ma réclamation au directeur-général de la librairie,
et je dois dire qu'à l'instant l'interdiction du nou-
vel Omar fut levée. Mais si je n'avois pas eu de
moyen rapide d'invoquer l'autorité supérieure,
quel recours me seroit resté? Je rapporte ce fait,
parce que l'ouvrage, ayant paru, a été reconnu
digne peut-être de quelque approbation, et certainement exempt de tout ce qui pourroit le
condamner à ne point paroître. Supposez maintenant un écrivain aussi bien intentionné, mais
encore plus inconnu que je ne le suis, et sans
relation avec aucun dépositaire de la puissance,
la censure ne lui auroit-elle pas été pénible?

« La censure établie dans le projet de loi,
« ajoute le ministre, n'a été conçue que pour
« favoriser les bons auteurs. En France, les ou-
« vrages de quelque importance s'élèvent toujours

« à plusieurs volumes, parce que l'on approfondit
« toutes les questions pour y porter plus de lu-
« mières. C'est pourquoi l'on a cru devoir fixer
« un nombre de feuilles au-dessous duquel la
« censure pourroit exercer sa surveillance, sans
« craindre d'inquiéter les auteurs livrés à des mé-
« ditations véritablement utiles. »

Je ne conçois guère comment des mesures
dirigées contre les ouvrages au-dessous d'un certain nombre de feuilles peuvent favoriser ceux
dont l'étendue excédera ce nombre. Ces mesures
ne les atteignent pas, elles sont nulles pour eux ;
mais par cela même on ne peut les présenter
comme une faveur.

Ceci au reste est de peu d'importance ; ce qui
est plus essentiel, c'est que l'erreur que j'ai déjà
relevée règne toujours dans les raisonnemens du
ministre. On croiroit que les adversaires du projet
de loi n'ont été inquiets des effets de la censure
que dans ses rapports avec la perfection des ouvrages. Mais ils demandoient la liberté dans un
tout autre but. Ils la demandoient, parce que dans
tous les écrits d'une étendue quelconque peuvent
se trouver ou des idées utiles, ou des réclamations nécessaires. Le ministre ne répond point à
cette partie des objections proposées, et il est
remarquable que, dans un discours sur la liberté

de la presse, le mot de liberté individuelle, dont la liberté de la presse est la première garantie, ne soit pas prononcé une seule fois.

En admettant que le projet fût effectivement de nature à favoriser les auteurs livrés à des méditations profondes et à des compositions de longue haleine, le ministre se trouveroit avoir favorisé la *nation des auteurs* aux dépens de cette *autre nation plus nombreuse, occupée de ses travaux et du soin de sa famille*. Les ouvrages d'une grande étendue n'intéressent réellement, pour la plupart, que la nation des auteurs. Ce sont les ouvrages de circonstance qui intéressent tous les citoyens; c'est cette *nation occupée de ses travaux et du soin de sa famille* qui a besoin que l'au torité soit éclairée sur ses lois, et surveillée dans ses actes.

Si un citoyen est arrêté arbitrairement, qu'importe à ce citoyen et à ses proches qu'un projet de loi qui supprime ses plaintes favorise les bons auteurs ? Si ses parens, ses amis, les associés de ses intérêts veulent éclairer par la publicité l'autorité supérieure et l'opinion, et que la censure les en empêche, leur sera-t-il fort consolant de s'entendre dire: *Les grands écrivains ne se forment que par de longues études. Examinez les questions sous toutes leurs faces, pour y porter plus de lumières ; soignez votre style ; mûrissez vos pensées par de longues méditations. Le rapporteur de la commission a fait ainsi.*

Il y a, dira-t-on, d'autres moyens de réclamation. Ne savons-nous pas ce que sont ces moyens sans la liberté de la presse ? Dans les premiers temps du tribunat, nous étions assaillis de pétitions, et le tribunat renvoyoit régulièrement au gouvernement tous ceux qui se plaignoient du gouvernement. Voilà ce qu'est le droit de pétition, quand la publicité est comprimée. Naguère il y avoit une commission sénatoriale pour la liberté individuelle. A-t-elle fait relâcher un seul prisonnier d'état ? Voilà ce que sont les commissions sans publicité. Nous ne vivons plus sous ce régime horrible. Le monarque est éclairé, juste, humain, bienfaisant ; mais pourra-t-il tout savoir, tout surveiller ? ou bien aura-t-il toujours des ministres qu'aucune passion n'égare ? Si vous le croyez, pourquoi des assemblées, pourquoi des garanties, pourquoi, en un mot, une constitution ?

Cette même nation, *occupée de ses travaux et du soin de sa famille*, doit désirer que l'industrie n'éprouve aucune gêne inutile, aucune secousse hasardeuse. Or, si quelque changement inattendu, quelque mesure, soit prohibitive, soit fiscale, vient entraver cette nation laborieuse dans

ses spéculations , ou la tromper dans ses espé-
rances , ce ne sont pas les quatre volumes d'Adam
Smith qui peuvent l'aider à repousser ce fléau.
Ce sont vingt pages de considérations courtes,
frappantes, dirigées en particulier contre la mesure du moment. Il en est de même des impôts ;
il en est de même d'une foule de lois. Les œuvres
de Montesquieu, de Filangieri, de Blackstone, sont
les dépôts des lumières : les ouvrages plus res-
serrés sont leurs moyens de circulation et d'application aux circonstances. Permettre les premiers et gêner les seconds, c'est tolérer la théorie,
à condition que la pratique sera impossible.

On me reprochera peut-être, comme on l'a
fait déjà, d'attacher aux ouvrages de peu d'étendue, aux pamphlets, aux brochures, une trop
grande importance ; autant vaudroit me reprocher
d'attacher trop d'importance à la justesse des
idées, à la netteté des expressions, au talent de
dire dans chaque circonstance ce qu'il faut dire,
et de le dire comme il faut le dire. L'imprimerie
n'est qu'un supplément à la parole. L'homme
n'écrit que parce qu'il ne peut parler à tous ceux
qu'il veut convaincre ; et si l'on admire dans un
salon celui qui, par une éloquence facile ou
adroite, fait passer rapidement sa pensée dans
l'esprit des autres, et paroît mettre à la portée de

ceux qui l'écoutent des matières qu'ils connois-
soient peu, je ne vois point pourquoi l'on dédai-
gneroit celui qui, par l'impression, produit le
même effet dans une plus vaste sphère.

Je n'examine point toutefois si plusieurs des
écrivains si ingénieusement nommés pamphlétaires
méritent ou non le mépris qu'on leur prodigue.
Mais en admettant le fait comme démontré, j'ob-
serverai que ce qu'on allègue pour diminuer le
prix de la liberté n'est réellement qu'une suite
naturelle de l'esclavage qui l'a précédée.

Nous jouissons aujourd'hui d'une grande liberté, mais nous sortons d'une servitude qui a
duré douze ans, et ses habitudes pèsent encore
sur nous. Dans tout pays soumis au despotisme
ou à l'arbitraire, les écrits de circonstances sont
les misérables productions d'auteurs que le pouvoir paye et que la nation repousse. Honteux
de la mission qu'ils ont acceptée, ces hommes
n'ont de point d'appui ni dans leur conscience ni
dans l'assentiment du public. Ils remplissent mé-
caniquement une tâche mercenaire ; ils agitent
sans succès les tristes restes du talent qu'ils ont
tué ; car, par une loi de la nature, dont nous de-
vons rendre grâces à son Créateur, le talent meurt
quand il s'avilit. J'ai vu souvent l'autorité s'éton-
ner de ce que ses interprètes, qu'elle avoit choisis

parmi des hommes jusqu'alors célèbres, sembloient en quelque sorte trahir sa cause par la foiblesse de leur logique, la fausseté de leurs argumens, l'embarras de leurs subtilités maladroites. Elle étoit prête à les accuser de perfidie, tant ils se montroient différens d'eux-mêmes. Ce n'étoit pas la faute de leur zèle, ce n'étoit pas la faute de leur esprit, c'étoit celle de leur âme. Prenez deux ouvrages du même auteur, écrits à deux époques, dans un sens contraire, vous reconnoîtrez facilement lequel contient sa véritable pensée; vous apercevrez jusques dans le style de l'autre le trouble, l'incohérence, la langueur, la honte du désaveu.

Les grands ouvrages peuvent échapper à cette destinée. Leurs auteurs, s'isolant du monde, et occupés d'une postérité qu'ils supposent moins dégradée, établissent entre eux et cette postérité une correspondance imaginaire qui les anime et les soutient. Mais dans tout pays qui n'est pas libre, les pamphlets sont nécessairement médiocres et méprisables, parce qu'ils sont nécessairement soumis à l'influence du moment.

Cet effet inévitable du despotisme survit à sa cause. L'homme est quelque temps à se relever de l'attitude qu'il avoit prise. La meilleure portion des écrivains, celle qui s'étoit condamnée au silence, a par-là même perdu la faculté de rassembler rapidement ses idées, de les coordonner avec art, de les resserrer en peu de pages. Les pamphlets qui suivent une époque d'oppression, lors même qu'ils sont affranchis des vices de cette époque, portent encore l'empreinte de ses défauts.

Si donc on parle des pamphlétaires, pour adopter l'expression consacrée, si l'on parle des pamphlétaires d'un pays qui ne jouit pas depuis quelque temps d'une liberté assurée, les reproches qu'on dirige contre eux ne sont que trop fondés : mais le moyen d'obvier au mal qui motive ces reproches, ce n'est pas de prolonger l'esclavage, c'est, au contraire, d'établir la liberté.

Dans un pays libre, les ouvrages de circonstance prennent un tout autre caractère. Parmi *les pamphlétaires* des Anglais, je compte les premiers de leurs hommes d'état, Burke, Sheridan, Mackintosh, et mille autres (1). C'est que dans

______

(1) Bien que la France n'ait pas eu le bonheur d'être libre durant la révolution, comme de grands intérêts étoient en mouvement, presque tous les hommes distingués sont devenus pamphlétaires; je vois dans ce nombre, en des sens divers, mais animés par le désir de faire du bien, et sachant assez que les longs ouvrages

un pays libre chacun sent qu'il peut influer sur
le bien-être d'une patrie qui est en même temps
sa sauvegarde, son idole, et sa plus chère pro-
priété. Aucune question n'est tout-à-fait étrangère
à aucun citoyen. Chacun fait usage de son droit
pour remplir ce qu'il considère comme son devoir. Dans un tel pays, ceux qu'on nomme ici
des pamphlétaires ne forment point une classe
à part. On ne rougit de la pensée et on ne l'in-
sulte sous aucune de ses formes, et tous les
moyens de répandre les vérités sont accueillis,
parce que toutes les vérités sont respectées.

Je reviens à mon sujet.

« Si vous estimiez, dit le ministre à la chambre
« des députés, que ce nombre (de feuilles) est
« trop considérable, et qu'il convienne de le ré-
« duire à vingt feuilles, je suis chargé par S. M.
« de consentir à cette réduction. »

Le nombre de vingt ou de trente feuilles me
paroît une chose assez indifférente. Ce qui ne
l'est pas, c'est le nom du roi mis en avant
pour défendre une mesure qui, constitutionnel-
lement parlant, est celle du ministre, et dont il

---

sont sans influence immédiate, M. Mounier, M. de Cler-
mont-Tonnerre, M. de Lally, M. de Montlosier, M. de
Chateaubriand, M. de Bonald et M. Ferrand.

est responsable. Si le nom du roi peut être allégué de la sorte, à l'appui des propositions ministérielles, que devient la responsabilité? L'inconvénient est trop manifeste pour que je m'y arrête.

« Du reste, continue-t-il, je ne craindrai pas
« d'affirmer que l'article 1er du projet de loi est
« parfaitement conforme à la constitution, utile
« à la liberté, convenable aux circonstances. Les
« lois pénales que l'on invoque ne pourroient en
« tenir lieu. »

Le ministre a voulu probablement dire le titre 1er, car l'article 1er, ne tendant qu'à donner aux écrits au-dessus de trente ou maintenant de vingt feuilles la liberté que tous les écrits devroient avoir suivant la constitution, personne n'avoit réclamé contre cet article. Appliquée comme elle doit l'être au titre 1er, l'assertion d'un homme d'un rang distingué et d'un caractère digne de respect ne permet assurément aucun doute sur sa conviction personnelle. Seulement, comme affirmer ce qui est en question n'est pas le prouver, il ne peut pas plus exiger de nous la même conviction, que ne l'auroit pu ce grand seigneur qui, dans la dispute, finissoit toujours par ces mots: *Je vous donne ma parole d'honneur que j'ai raison.*

« Quant à la diversité des opinions qui ont été
« émises sur le véritable sens de l'article 8 de la

« charte, je demanderai qui a droit de l'interpré-
« ter? S'il peut l'être de différentes manières,
« qui décidera? J'ai peine à croire que vous ne
« pensiez pas que ce doit être le roi. (1) »

Ce dogme n'est-il pas destructif de toute constitution ? Si les ministres proposent une loi que
l'immense majorité des deux chambres trouve in-
constitutionnelle, pourvu qu'un seul membre se
déclare en sa faveur, voilà certainement les opinions divisées sur l'interprétation de la charte.
Or, si dans tous les cas semblables il appartient
au roi, c'est-à-dire aux ministres, de décider,
comme il dépend d'eux d'élever sur tous les
points une pareille dissidence, que deviendra la
constitution? Il est clair, au contraire, que, dans
toutes les questions particulières, c'est à chacune
des chambres à consulter sa conscience, et à reje-
ter tout ce qui, dans les lois qu'on lui soumet,

---

(1) Dans les autres journaux, la question du ministre
est posée ainsi : *Si la chambre des députés et celle des
pairs ne s'accordent pas sur le sens précis de la charte
constitutionnelle, c'est au roi que l'interprétation doit
appartenir.* Mais cette phrase n'ayant pas de rapport à la
circonstance, puisque le projet n'avoit pas encore été soumis à la chambre des pairs, je dois supposer que la version du Moniteur est la véritable.

lui paroît ne pas être constitutionnel. Que s'il s'élève des questions plus générales, et sur lesquelles un doute réel existe, c'est aux trois pouvoirs réunis à les approfondir et à concilier leurs opinions, pour faire disparoître les obscurités par une explication qui réunisse l'assentiment de tous trois.

« Les précautions annoncées par la charte cons-
« titutionnelle ont deux objets en vue, les auteurs
« et les particuliers. Vous croyez possible d'ob-
« vier aux abus de la presse au moyen de lois
« répressives : c'est une grande erreur. »

Je m'arrête. Le ministre convient donc que le projet de loi renferme d'autres mesures que des lois *répressives*, puisqu'il déclare ces lois impuissantes, et qu'il annonce qu'il y supplée. Ainsi, *réprimer* n'est pas *prévenir*. Ainsi l'article 8 de la charte ne permettant que des lois répressives, la loi proposée est en contradiction avec cet article.

Ici je ne puis m'empêcher de plaindre ces défenseurs du projet, transformés subitement en grammairiens laborieux, qui ont pâli sur les dictionnaires, pour dénaturer le sens d'une expression que jusqu'à ce jour tout le monde avoit comprise. Que leur reste-t-il de leurs efforts ? Le ministre les désavoue. Voilà ce qu'on risque par trop d'ardeur. Il y a dans la puissance une loyauté dont la

foiblesse qui veut la servir ne se doute pas. C'est
ce qui m'a toujours fait penser qu'il valoit encore mieux rester fidèle à son sentiment intime.
On se console alors de l'abandon des autres,
parce qu'on a son refuge en soi. Mais lorsqu'on
a cessé d'être conscientieux, on n'a de ressource
qu'en étant habile, et quand ceux à qui vous
avez voué votre habileté vous prouvent par leur
noble franchise que vous n'avez commis qu'une
gaucherie, on doit, je le pense, si toutefois il
m'est permis de juger par conjecture d'une situation qui m'est inconnue, on doit éprouver un
certain embarras.

« Comment ferez-vous, poursuit le ministre,
« lorsqu'un auteur vous dira : il faut me prouver
« que j'ai commis un délit; où est la loi qui dit
« que j'ai failli? Il exigera qu'on procède envers
« lui d'une manière aussi positive que pour une
« circonstance de vol. C'est une chose impossible.
« Le code entier ne contiendroit pas l'énoncé des
« circonstances diverses que peut produire l'abus
« de la presse ; et si l'on ne peut déterminer le
« délit, comment déterminer la peine ? »
Comme en Angleterre, s'il s'agit de questions
politiques, religieuses et morales (je parlerai plus
loin de la calomnie), comme en Angleterre, dis-
je, par le bon sens d'un jury et par l'intérêt des

tribunaux composés de citoyens. Ayez une constitution libre; tout le monde sera intéressé à la
maintenir. Vous convenez de la rigueur des lois
anglaises; elles n'en sont pas moins exécutées.
L'amour de la liberté porte ceux qui en jouissent
à coopérer volontiers à la punition de la licence,
parce qu'elle compromet la liberté.

« Ici le ministre suppose des exemples par
« lesquels il démontre que le calomniateur,
« après avoir diffamé les personnes les plus res-
« pectables, trouvera encore, s'il est traduit
« devant les tribunaux, le moyen d'ajouter à
« ses outrages. L'avocat chargé de le défendre
« saura lui prêter toutes les ressources de son
« talent pour rendre encore les victimes de la
« calomnie les objets de la dérision publique. »

Pourquoi n'a - t - on voulu faire aucune at-
tention à ce qui avoit été proposé, pour obvier
à tous les inconvéniens de la calomnie, je veux
dire au moyen si simple de punir l'écrivain qui
rapporteroit des faits même vrais, au préjudice
d'un individu, à moins que cet écrivain n'eût
souffert lui-même par les faits qu'il rapporte, et
qu'il ne commençât en même temps une pour-
suite légale en réparation? Tant que cette mesure ne sera pas adoptée, la censure ne préser-

vera point de la calomnie : elle mettra seulement la calomnie à la disposition des censeurs.

« La censure, dit-on, détruit la liberté de la « presse, continue le ministre. Détruisez-vous la « liberté de la parole, parce que vous mettez un « terme à la licence du théâtre ? »

Je n'entends pas cette comparaison, je l'avoue. Il s'agit de la faculté de publier des idées applicables à nos intérêts les plus importans, ou de réclamer contre des injustices ; et l'on argue des restrictions qu'on impose aux auteurs dramatiques pour étendre ces restrictions à tous les citoyens. Il me semble que dénoncer une arrestation illégale est autre chose que faire une comédie.

« On discute sur le droit d'émettre sa pensée. « Qu'est-ce qu'un droit ? c'est ce qui ne nuit pas « à autrui. Il n'y a pas de droits dans la nature. « Ils sont un fruit de nos lois sociales. Avant « qu'il y ait des lois, l'homme est en état de « guerre : le droit du plus fort anéantit tous les « autres. Ce sont les lois qui fixent tout, qui « règlent tout ce que l'on doit respecter dans « autrui. »

Montesquieu a dit : *la justice existoit avant les lois*, ce qui implique, si je ne me trompe, que les droits existent avant les formes destinées à les garantir. Au reste, sans me lancer dans une dispute où l'on me reprocheroit la métaphysique après l'avoir employée, je dirai qu'il y a un genre de droits qui certainement n'existent point avant qu'il y ait des lois. Ce sont les droits des dépositaires de l'autorité. J'applique à ces droits l'axiome du ministre. Les dépositaires de l'autorité ont le droit de faire ce qui ne nuit pas à ceux dont les intérêts leur sont confiés. Or je demande si l'arbitraire, exercé sur la manifestation de la pensée, cet arbitraire qui peut étouffer toutes les réclamations, cet arbitraire qui place tous les citoyens dans la dépendance de tous les agens même inférieurs du pouvoir, cet arbitraire qui compromet la liberté individuelle, dont, encore une fois, il est surtout question quand on discute la liberté de la presse, je demande, dis-je, si cet arbitraire n'est pas de nature à compromettre les intérêts dont les dépositaires de l'autorité ne sont que les défenseurs.

« La liberté de la presse, dit-on, est la garantie « de la constitution, de la liberté. C'est la cons- « titution, répond le ministre, qui garantit la « liberté ; ce sont les députés nommés par le « peuple pour conserver la forme du gouverne- « ment ; et jamais les folliculaires ne pourront se « flatter d'en être les conservateurs. »

Nous avions, il y a quatorze ans, trois grands corps gardiens de la constitution établie. L'ont-ils conservée ? Je me rappelle, à cette occasion , qu'il y a aussi quatorze ans, quand je réclamois des garanties pour la liberté , on me répondoit : *Les véritables garanties de la liberté sont dans le tribunat, dans le corps législatif, et dans le sénat conservateur.* On me répondoit en propres termes : *Que le gouvernement, le besoin de tous les jours, de tous les instans, de toutes les minutes, ait une action libre. Gardez de le laisser déconsidérer sous la flétrissure de pamphlétaires ou d'orateurs indiscrets* (1).

– Personne ne peut comparer les époques; personne plus que moi ne rend hommage au bonheur dont nous jouissons : et comme personne ne s'est déclaré plus hautement et plus tôt contre l'homme qui nous opprimoit, je me crois autant de droits et de motifs qu'un autre pour me féliciter de sa chute, et pour professer ma reconnoissance et mon respect pour le prince qui nous fait oublier ce règne funeste, et qui nous a donné une liberté constitutionnelle. Mais je voudrois que les raisonnemens d'aujourd'hui différassent autant que les époques diffèrent. Ce ne sont point les formes des constitutions qui les conservent; il n'y a point de durée pour une constitution sans opinion pu-

____

(1) Séance du tribunat du 16 nivôse an 8.

blique, et il n'y a point d'opinion publique
sans liberté de la presse. Quand cette liberté
est étouffée , les grands corps de l'état sont
des masses isolées de la nation, sans vie et
sans force véritable. Le parlement d'Angleterre
est fort parce que tout le peuple est avec lui,
et qu'il est ranimé sans cesse par la voix nationale que la presse lui transmet ; sans cette voix
tout est silence, et les corps qui existent dans ce
silence ne savent conserver qu'eux - mêmes.....
aussi long-temps qu'ils peuvent se conserver.

« On a cité l'Angleterre. Je m'arrêterai un ins-
« tant sur cette objection. La constitution anglaise
« est une sorte de phénomène dans ses résultats.
« C'est le gouvernement le plus fort ; c'est un
« composé tel que le hasard seul semble l'avoir
« produit ; car l'esprit de l'homme n'a jamais pu
« le concevoir. Le parlement exerce une autorité
« toute-puissante, devant laquelle il faut que tout
« se taise, que tout fléchisse. Cette puissance
« s'exerce par la majorité ; c'est elle qui fait la
« loi. Elle s'empare de toutes les places, se saisit
« de la totalité du pouvoir ; leur existence y est
« attachée. Quelle force que celle qui tient tout,
« qui veut le garder, qui échappe toujours à la
« responsabilité , parce qu'elle est toujours cette
« majorité qui fait la loi, l'accusation, le juge-

« ment, et qui l'exécute ! Il falloit bien donner
« au peuple une sorte de compensation contre
« une telle énergie d'autorité, contre un gouver-
« nement si vigoureux, qui, s'il n'étoit pressé
« par une autre force, finiroit sans doute par se
« perdre lui-même. »

Dans l'impossibilité où je me trouve de saisir
le sens de cette définition du gouvernement anglais, je consulte une autre version, seule ressource qui me soit laissée, et je la copie aussi
toute entière. (Journ. des Débats.)

« Je m'arrête sur l'exemple de l'Angleterre,
« parce qu'il est essentiel d'expliquer sa consti-
« tution autrement qu'elle ne l'a été jusqu'à pré-
« sent. Le gouvernement anglais est le plus fort,
« le plus étonnamment fort qui ait jamais existé,
« et d'une composition telle que le hasard seul
« peut l'avoir formé. L'esprit humain auroit été
« effrayé des forces prodigieuses d'un tel gouver-
« nement. Le parlement en Angleterre a une telle
« autorité, qu'il ne connoît aucun frein. La ma-
« jorité s'empare de toute la puissance, depuis
« celle de créer la loi, jusqu'à la simple adminis-
« tration. Si le pouvoir exécutif est appelé à ren-
« dre compte de l'emploi qu'il en a fait, il est
« jugé par la même majorité qui a concouru avec
« lui à l'exécution, en telle sorte que la même

« autorité a le droit de faire la loi, l'action, le
« jugement et l'exécution. Je demande s'il seroit
« possible de maintenir un pouvoir aussi extraor-
« dinaire, aussi absolu, s'il n'y avoit pas une
« compensation. C'est la liberté de la presse qui
« forme ce contre-poids, qui soumet les minis-
« tres à la responsabilité. Le gouvernement an-
« glais ne diffère pas beaucoup de l'oligarchie des
« décemvirs de l'ancienne Rome. En un mot, en
« Angleterre il n'y a pas de véritable responsa-
« bilité, puisque ceux qui devroient la subir sont
« ceux qui prononcent. »

Je demeure toujours dans le même embarras.
Que désigne-t-on sous le nom de parlement ?
Est-ce la réunion des trois pouvoirs ? Il est indu-
bitable alors que le parlement peut tout ; mais il
en est de même pour la constitution actuelle de la
France : il en est de même pour tous les pays.
Il n'y a nulle part de limites au pouvoir souve-
rain, si toutes les branches entre lesquelles ce
pouvoir est divisé se coalisent. Le gouvernement
anglais ou le parlement n'est, sous ce rapport,
ni plus fort ni plus foible que tous les gouvernemens du monde.

Parle-t-on de la chambre des communes,
comme le mot de majorité, qu'on distingue du
pouvoir exécutif, semble l'indiquer ? Alors l'as-

sertion n'est pas exacte. Le parlement dépend, dans son ensemble, du roi, par la possibilité d'être dissous , et chaque membre dépend du peuple, par la nécessité d'être réélu. La majorité du parlement, séparée du roi, qui lui permet d'exister, ou du peuple, qui la confirme, n'a donc nul pouvoir: Si le roi est obligé de céder à cette majorité, c'est lorsqu'elle est forte de l'assentiment populaire, et que le roi sait qu'il ne gagneroit rien à la dissoudre, parce qu'elle seroit aussitôt renommée. Mais ce n'est pas alors à la majorité du parlement que le roi cède, c'est à l'universalité de l'opinion nationale. Il n'y a donc dans le parlement ni oligarchie, ni décemvirat romain. Ce n'est pas la majorité qui fait la loi, l'accusation , le jugement et qui l'exécute. Elle ne fait pas la loi, en cas d'accusation, car elle agit d'après des lois antérieures. Elle ne fait pas l'accusation et le jugement, car la chambre qui accuse n'est pas celle qui prononce. Elle n'exécute pas le jugement, car les agens de l'exécution sont séparés d'elle et hors de sa dépendance. Ce n'est pas la même majorité qui a concouru aux actes du pouvoir exécutif et qui juge le pouvoir exécutif sur ces actes. On n'a jamais vu la majorité ministérielle mettre le ministre en accusation. Enfin ce n'est point comme compensation à ce pouvoir absolu qui n'existe pas que la liberté de la presse est accordée. En adoptant ces assertions sur le gouvernement anglais, on le croiroit despotique ; et jamais le despotisme n'accorda pour compensation la liberté de la presse.

Le gouvernement anglais est fort, précisément parce qu'il n'est pas absolu, parce que le roi, ou, pour employer l'expression constitutionnelle dont on ne devroit jamais s'écarter, parce que ses ministres ne peuvent rien sans les députés du peuple, parce que ceux-ci, bien loin que leur majorité ait une puissance illimitée, sont, comme nous l'avons dit, réprimés, d'une part, par la couronne, et de l'autre, par l'élection populaire, parce que ceux qui accusent ne sont pas ceux qui ont fait la loi sur laquelle l'accusation est fondée, parce que ceux qui jugent ne sont pas ceux qui ont accusé, parce que ceux qui exécutent ne sont pas ceux qui ont prononcé le jugement ; enfin, parce que la liberté de la presse existe, non comme compensation d'un prétendu décemvirat ou oligarchie imaginaire, mais comme portion essentielle d'une constitution libre.

Le gouvernement anglais est le plus fort de tous les gouvernemens parce qu'il est le plus libre, et qu'en définitif et pour la durée, il n'y

a de force comme de repos que dans la liberté.
Nous avons vu tous les autres gouvernemens
échouer contre Buonaparte. La liberté seule a
soutenu la lutte. Nous avons eu le grand spec-
tacle d'un peuple libre aux prises avec l'Europe,
dont tous les moyens étoient employés, com-
binés, multipliés par la tyrannie, et le peuple
libre a vaincu.

« Cependant ce gouvernement si puissant,
« qu'a-t-il à redouter de cette liberté de la presse
« tant vantée ? Ces feuilles se neutralisent ; la
« responsabilité échappe à leurs vaines déclama-
« tions. Ces feuilles n'ont aucune force contre la
« force du gouvernement. Elles servent à amuser
« le public, voilà tout. »

Mais alors, d'où vient que l'on nous a présenté
tout à l'heure la liberté comme une compensation nécessaire contre l'oligarchie, le décemvirat
anglais ? D'où vient qu'on nous a dit que sans
cette compensation un gouvernement si vigoureux finiroit sans doute par se perdre lui-même ?
On affirme dans la même phrase que la liberté
de la presse n'est rien, et que sans elle le gouvernement se perdroit. Il me semble que dans ce
cas elle est quelque chose.

Je supprime des considérations tirées du danger
d'accoutumer les Français à l'indifférence pour

la calomnie, considérations qui reposent sur une hypothèse que je crois mal fondée, puisqu'elle implique que la calomnie sera permise, et que ceux qu'elle blessera n'auront contre elle d'autre ressource que l'indifférence, tandis qu'en attachant des peines sévères et promptes à toutes les attaques contre les individus, la calomnie seroit facilement et sûrement réprimée, et j'arrive à une portion du discours du ministre dans laquelle il me paroît de nouveau, si j'ose le dire, avoir méconnu, et par-là même déplacé la question.

« De quoi s'agit-il, demande-t-il à ses audi- « teurs? De protéger les sciences? Non, de mi- « sérables journaux, des feuilles éparses comme « celles de la Sibylle; voilà pourquoi l'assemblée « des représentans du peuple se divise, comme « si tout devoit être perdu. »

Il ne s'agit nullement de protéger les sciences. Personne ne redoute les dangers de la censure pour les ouvrages scientifiques. On sait très-bien que les géomètres et les chimistes écriront toujours en parfaite liberté. On craint la censure, parce qu'elle peut arrêter la dissémination d'idées utiles qui ne tiennent point aux sciences proprement dites, ou la publicité de réclamations indispensables et pressées qui intéressent au plus haut degré beaucoup de citoyens qui ne sont pas des savans.

Il est vraiment malheureux qu'un homme d'un esprit aussi lumineux et aussi juste, entraîné sans doute par la multiplicité de ses occupations importantes, n'ait pas soupçonné que la question de la liberté de la presse pouvoit être une question politique beaucoup plus que littéraire, et qu'en conséquence, ce boulevard de tous les droits, cette garantie de toutes les existences, n'étoient pas seulement réclamés comme une faveur pour les académies, mais comme une sauvegarde pour tous les individus sans exception, pour tous les individus, je le répète, depuis le ministre disgracié, qui, sans la liberté de la presse, ne pourra pas répondre aux imputations de son successeur, jusqu'au plus obscur des Français, qui, sans la liberté de la presse, n'aura point de recours contre les injustices, ou, si l'on croit que nulle injustice n'est possible, contre les erreurs d'un ministre tout-puissant.

« Je me figure que Louis XIV et ces mi-
« nistres célèbres qui illustrèrent son règne
« apparoissent dans cette enceinte, qu'ils en-
« tendent ces débats animés pour des jour-
« naux, pour des pamphlets, tristes écrits,
« enfans morts nés ! Et vous leur sacrifieriez la

« sûreté de l'état, la difficulté des circonstances!
« Je m'arrête, messieurs. Il n'est aucun de vous
« qui, par sa correspondance avec son départe-
« ment, ne sache quelle peut en être la situa-
« tion, et votre conscience me rassure. »

J'ai été frappé, comme je le devois, de surprise et de respect à cette apparition de Louis XIV. Mais, le premier moment d'émotion passé, j'ai cherché à me rendre compte de ce que diroit ce monarque illustre, si, en effet, sortant, par pitié pour cette terre, du monde inconnu où toutes les illusions s'évanouissent, il faisoit entendre sa voix auguste aux générations étonnées. *Faute de la liberté de la presse, qui m'auroit éclairé sur l'injustice et sur les périls de l'intolérance*, diroit-il, *mes ministres m'ont entraîné à bannir plus d'un million de mes sujets. Faute de la liberté de la presse, mes ministres m'ont engagé à commander ou à permettre les dragonnades. Faute de la liberté de la presse, un de mes ministres, pour me distraire d'un mécontentement frivole, m'a fait entreprendre des guerres funestes. Faute de la liberté de la presse, j'ai ignoré l'opinion de la France et de l'Europe, et la France s'est vue soudain menacée, et l'Europe en armes m'a demandé compte des erreurs où m'avoit jeté le vaste si-*

lence qu'on entretenoit autour de moi. C'est pour les rois surtout qu'instruit par l'expérience, et me rendant, au sein de l'éternité, témoignage de la pureté de mes intentions, et de cette élévation d'âme qui a su tout à la fois avouer noblement ses fautes et les réparer, c'est pour les rois surtout que ma voix qui s'échappe de la tombe demande la liberté de la presse, qui leur apprend à connoître et leur siècle et leur peuple, et leurs voisins, et leurs véritables intérêts et leur véritable gloire.

Voilà, je le pense, ce que diroit cette ombre vénérée, ce modèle éclatant de la royauté, ce prince qui a donné son nom à son siècle, parce que ses vertus n'appartenoient qu'à lui seul ; parce que la postérité impartiale l'a séparé, dans sa sentence équitable, des hommes qui, pour régner à sa place, avoient étouffé autour de lui toutes les voix indépendantes. Voilà ce que diroit ce monarque généreux dont nous honorons la mémoire, parce que toutes ses actions personnelles attestent cette noblesse de caractère, cette magnanimité dans l'infortune que nous révérons dans le prince qui nous gouverne aujourd'hui.

Quant à la difficulté des circonstances, sans pénétrer dans un mystère qu'on doit respecter,

il est une réflexion qui ne peut manquer de frap-
per tous les esprits. La France a redemandé les
Bourbons d'un cri unanime. A leur entrée tout
a été bonheur, contentement, félicitations réci-
proques : aujourd'hui encore les journaux certi-
fient l'ivresse du peuple partout où les princes
se présentent ; quelle cause auroit donc rendu les
circonstances si difficiles sous l'administration
même du ministre qui invoque leur difficulté? Je
répète ce que l'on a dit à la tribune. Une inquié-
tude naturelle, fruit d'une modestie délicate et
d'un amour ardent pour le bien public, trompe
les ministres. Louis XVIII a reconnu le 2 mai,
le 4 juin, que les circonstances n'exigeoient point
que l'on restreignît la liberté de la presse. Depuis
lors les ministres sont arrivés à la tête des affaires,
les circonstances n'auroient pu se détériorer que
par leur faute. Donc assurément elles ne se sont
pas détériorées.

« Mais on dit : les ministres, il est vrai, ne
« sont pas égarés dans les routes impies du des-
« potisme : toutefois ils pourront chercher à in-
« fluencer. Eh quoi! messieurs! ils prétendent
« avoir un même esprit avec le roi, avec vous,
« avec l'état. Qu'avez-vous à redouter ? »

Tous les Français sont heureux de croire qu'ils

n'ont rien à redouter du ministère actuel. Mais ce ministère est-il immortel ? Est-il inamovible ? Ne peut-il jamais s'égarer ? Sera-t-il nécessairement remplacé par des successeurs non moins infaillibles, non moins irréprochables ? Si nulle chance douteuse n'existe à cet égard, une constitution est superflue, je l'ai déjà dit. Si une constitution est nécessaire, c'est qu'il peut y avoir du doute. L'argument des ministres n'est donc pas applicable à une monarchie constitutionnelle, qui suppose des craintes, puisqu'elle établit des précautions.

« Le ministre fait sentir qu'il importe de lais-
« ser au roi le droit de permettre la publication
« des écrits périodiques, comme un moyen qui
« offre une double garantie à l'autorité. Car,
« dit-il, les ministres deviennent alors responsa-
« bles de l'influence des journaux autorisés. Je
« vous vois, messieurs, nous demander compte
» de cette influence, et participer ainsi à la ga-
« rantie dont je parle, et contribuer à ce qu'il
« leur soit laissé une latitude raisonnable ; mais
« s'ils restent dans une indépendance absolue,
« à qui vous plaindrez-vous des désordres qu'ils
« auront pu causer par leur licence ? »

Je ne puis rien ajouter à ce que j'ai publié précédemment sur l'utilité de l'indépendance des journaux (1). Je dirai seulement encore que leur licence ne seroit pas à craindre, si des peines sé-

---

(1) J'ai trouvé un étrange argument en faveur de la dépendance des journaux dans une brochure intitulée : *Considérations sur la liberté de la presse, et réfutation de quelques-unes des apologies qu'on a faites*, par M. J^h de T. « La dépendance de la presse et des « journaux, *c'est l'objection que se fait l'auteur*, fait qu'on « n'ajoute guère foi à ce qui s'écrit en faveur du gouver- « nement, parce qu'on croit que c'est toujours lui qui parle. « Cela est possible ; mais on en croit toujours quelque « chose, parce qu'on ne lit jamais, on n'entend jamais « un discours sans qu'il laisse quelques traces. Buona- « parte étoit certes généralement haï. Son gouvernement « immoral, oppressif, n'étoit pas populaire, et les jour- « naux étoient bien dans sa dépendance ; on le savoit, « on n'y avoit aucune confiance. Cependant, à force de « redites, n'a-t-il pas trouvé le moyen d'égarer l'opinion, « de faire croire les peuples à la nécessité des sacrifices « qu'il exigeoit, de faire lever en masse plusieurs pro- « vinces, de faire sortir de ses murs et d'envoyer à la « bouche du canon la garde nationale de Paris qui étoit « résolue à ne pas se défendre ? » On conviendra que l'apologie est singulière. Il est vrai que l'auteur ajoute : « Si un gouvernement odieux et dépopularisé a tiré « d'aussi grands secours des journaux, que n'en doit pas « attendre celui qui, moral autant que légitime, et en- « touré de la confiance générale, s'en servira noblement « pour propager des idées saines et des principes bien-

vères étoient attachées à toutes les attaques contre les particuliers, et si la jouissance de notre constitution, inspirant à tous les citoyens le désir unanime de la conserver, remplissoit, comme en Angleterre, les jurés et les juges d'un égal empressement à réprimer tout ce qui pourroit la compromettre.

Au reste, la déclaration du ministre, que le ministère sera responsable des journaux, a droit à notre reconnoissance, dès que le principe de leur indépendance n'est pas adopté. La noblesse et la loyauté du gouvernement actuel nous garantissent qu'il ne dirigera jamais cette arme puis-

---

« faisans? » C'est là qu'est l'erreur, et c'est une erreur commune à beaucoup d'écrivains politiques. Ils concluent, du mal qui a été fait, au bien qui peut se faire. Mais la conclusion n'est rien moins que juste. Un mauvais gouvernement peut faire beaucoup de mal par la servitude. Un bon gouvernement ne peut faire de bien que par la liberté. C'est précisément le parti qu'a tiré Buonaparte des journaux esclaves qui me fortifie dans l'opinion que sous Louis XVIII il faut qu'ils soient libres. Je le répète : laissez aujourd'hui les Français se parler, ils n'ont rien à se dire d'alarmant. Sous la monarchie constitutionnelle, ce qu'ils ont à se dire, c'est qu'ils chérissent leur prince et qu'ils aiment leur constitution ; plus ils le diront librement, plus ils l'éprouveront.

sante contre des individus sans défense. J'aurois pu craindre, par exemple, que des journaux s'étant constitués ministériels de leur propre autorité, et croyant servir de leur zèle ignoble un homme bien au-dessus de pareils moyens, ne me répondissent, faute d'argumens, par des invectives. Mais des hommes distingués par leur position sociale, revêtus de fonctions éminentes, honorables par leur caractère, se sont déclarés responsables des journaux, et je suis tranquille. La liberté complète, avec des lois répressives qui puniroient l'injure, vaudroit bien mieux sans doute; mais quand les journaux sont dans la main de l'autorité, il est utile et noble qu'elle en convienne. C'est une preuve qu'elle dédaignera d'en abuser. Ils ne feront guère de bien, mais ils ne feront au moins pas de mal.

« Le ministre termine par trois amendemens « au nom de S. M. Le nombre de feuilles né- « cessaires pour exempter un écrit de la censure « préalable sera de vingt au lieu de trente. Les « opinions des membres de la chambre seront « imprimées sans censure. La loi cessera d'avoir « son effet à la fin de 1816. »

J'ai fini la tâche que j'avois entreprise. Il me semble que j'ai démontré, 1° que le ministre, n'ayant pas aperçu l'objection principale, ne l'a pas résolue ; 2° qu'il est convenu que la loi n'étoit pas purement répressive , et qu'il a décidé la question constitutionnelle contre le projet, puisque la constitution n'autorise que des lois répressives ; 3° que par-là même le préambule du projet de loi, la présentant comme un complément et non comme une exception , est en contradiction avec son contenu, et que, dans tous les cas, cette contradiction ne peut être consacrée.

Je ne me suis livré à cet examen qu'après une longue hésitation : et j'ai passé plus de temps à y réfléchir qu'à l'achever. Aucun motif personnel n'a pu me conduire. La route que je suis n'est pas celle de l'intérêt ; il seroit plus doux, on le croira sans peine , d'obtenir toujours la bienveillance par l'assentiment, et de passer mollement des faveurs d'une prospérité aux faveurs d'une autre. J'aurois pu choisir cette destinée il y a quatorze ans, et la prolonger peut-être aujourd'hui. Ce n'est pas non plus de la gloire que j'espère. Nul espoir de gloire ne peut s'attacher à quelques pages, empreintes de tous les défauts de la précipitation, et qu'une circonstance fera oublier, comme une circonstance les fait lire. Mais le bonheur même dont nous jouissons depuis quatre mois, ce bonheur de vivre sous une constitution libre, que j'ai devancée de mes vœux, et je pourrois dire de mes efforts, au sein d'un exil volontaire,

ce bonheur que nul ne peut nier, et dont le sentiment pénétroit chaque jour plus profondément
dans toutes les âmes, ce bonheur, dis-je, m'a
semblé nous prescrire à tous, comme devoir de
reconnoissance, autant que par un intérêt éclairé,
l'exercice de toutes nos facultés, dut-il paroître indiscret, pour le maintien d'une constitution qui fait notre salut et la gloire d'un
monarque juste et doux.

A cette double considération de conscience
et d'utilité s'est réuni, je l'avoue, un sentiment d'orgueil national. Nous avons, jusqu'à ce
jour, sur ces Anglais, que nos esprits les plus
sages nous présentent avec raison pour modèles
à quelques égards, une supériorité incontestable,
et qui n'a pas encore été remarquée.

Nous avons subi, comme eux, une révolution
terrible; mais entre la fin de leurs guerres et de
leurs malheurs civils, et l'établissement de leur
constitution actuelle, vingt-huit cruelles années
se sont écoulées, vingt-huit années, marquées
par d'implacables vengeances et par d'innom-
brables injustices. Affranchis du joug de Cromwell, ils ont eu à supporter celui des Jefferies
et des Kirk. Ils ont vu périr sur l'échafaud les
Essex et les Russel (1). Nous, au contraire, nous

____

(1) Ces citations de l'histoire anglaise me rappellent

avons passé subitement et sans secousses d'un
despotisme épouvantable à la jouissance d'une

---

que j'ai été accusé dans un journal d'inexactitude dans
mes citations. Je profite de cette occasion pour y répondre.

1° J'ai dit que les Anglais n'avoient *jamais joui* de la
liberté de la presse avant l'époque où elle leur fut assurée
par l'abolition des anciennes lois, et que depuis cette
époque il n'y avoit jamais eu de suspension. « Qu'on ouvre
« l'histoire d'Angleterre, a-t-on répondu, on verra que
« la liberté de la presse a été établie en 1640, et que l'ef-
« fet en a été suspendu en 1643. (V. Gazette de France,
« 8 août 1814.) » La liberté de la presse ne fut point
réellement établie en 1640. Le long parlement en invo-
qua les principes en leur donnant une latitude exagérée,
et une direction absolument fausse, puisqu'il s'en servit
pour faire mettre en liberté des libellistes condamnés par
les tribunaux (Hume, édit. de Bâle, IX, 131), ce qui est
directement contraire à ce que nous entendons par liberté
de la presse; car tout le monde désire que les tribunaux
exercent une action sévère sur les libellistes. Ces libellistes anglais furent récompensés par le parlement ; mais en
même temps il eût été dangereux pour tout Anglais d'é-
crire en faveur de la cause royale. Or, la liberté de la
presse n'est pas la faculté d'écrire pour le parti le plus
fort. On a toujours cette faculté , même sous la censure.
Les Anglais ne *jouirent donc nullement* de la liberté de
la presse en 1640. Il en résulte que les mesures du long
parlement en 1643 ne furent point une suspension de

sage et complète liberté. Il y a six mois, à peine osions-nous espérer notre délivrance, et nul ne

cette liberté. Ce qui n'existe pas ne peut être suspendu. Mon assertion, qui se rapportoit à la jouissance réelle de la liberté de la presse, et à une suspension qui auroit suivi cette jouissance réelle, étoit donc parfaitement conforme à la vérité.

2° J'avois dit que, si les restrictions à la liberté de la presse furent prolongées sous Charles II en 1662, c'est que la réaction et les vengeances commencèrent surtout à cette époque, et j'avois cité la mort du chevalier Vane, qui s'étoit toujours opposé à Cromwell, avoit écrit contre cet usurpateur, et avoit subi par ses ordres une longue détention. « Voilà, dit l'auteur de l'article, des faits « énoncés d'une manière bien positive. Ouvrons l'*Histoire* « *d'Angleterre* de Hume, nous y verrons *que le parle-* « *ment avoit excepté le chevalier Vane de l'amnistie; que* « *son procès et sa condamnation furent sollicités par le* « *parlement; qu'il avoit été conseiller d'état et secrétaire* « *de la marine sous Cromwell.* Nous verrons, dans la dé-« fense même de cet accusé, qu'il avoit (ce sont ses « propres expressions) *supporté patiemment toutes les vio-* « *lences et la tyrannie de Cromwell.....* Ainsi c'est *le par-* « *lement* et non *la cour* qui a fait périr le chevalier Vane. « Le chevalier Vane, *au lieu de s'opposer à Cromwell, a* « *servi cet usurpateur, a supporté patiemment toutes les* « *violences de sa tyrannie.....* »

Je réponds que le parlement, qui avoit excepté le chevalier Vane et le général Lambert de l'amnistie, avoit

savoit à quel prix il la faudroit peut-être ache-
ter. Elle s'est opérée sans qu'aucune de nos

---

adressé au roi une pétition pour qu'il leur fît grâce, dans
le cas même où ils seroient trouvés coupables, et qu'en
conséquence, lorsqu'ils furent condamnés deux ans après,
Lambert obtint le pardon royal. Donc la *cour* auroit pu
accorder la même faveur à Vane ; donc ce fut la cour
qui le fit périr, et non le parlement qui avoit demandé
sa grâce.

Je réponds ensuite que le chevalier Vane avoit été secrétaire d'état sous Charles Ier, puis secrétaire de la marine et conseiller d'état *avant le protectorat de Cromwell*
(*Voyez* Clarendon, Burnet et Hume) ; que loin de favoriser l'usurpation, il s'opposa à Cromwell avec tant de
force que celui-ci s'écria : Le chevalier Vane ! Dieu me
délivre du chevalier Vane (Hume, X, 229) ; qu'il refusa
tellement de servir l'usurpateur, qu'il ne voulut pas ac-
cepter de lui sa confirmation à la place de grand-juge
du comté de Chester ; qu'il fut envoyé prisonnier au
château de Carisbrook ; que ses biens furent saisis, et que
Cromwell lui en fit offrir la restitution avec la promesse de
toutes les faveurs qu'il demanderoit, s'il se soumettoit à
son autorité, ce qu'il rejeta encore. (*Voyez* Burnet et
Ludlow.)

Mais voici bien une autre chose, sur laquelle j'ai eu
quelque peine à en croire mes yeux. Suivant l'auteur de
l'article, le chevalier Vane dit dans sa défense (et l'auteur
ajoute, ce sont ses propres expressions) *qu'il a supporté
patiemment* toutes les violences et la tyrannie de Cromwell,

craintes se réalisât, sans qu'aucune vengeance fût exercée, sans qu'aucune grande injustice fût

---

et il cite Hume. Or, voici la phrase de Hume dans l'abrégé même qu'il donne de la défense du chevalier Vane : *That..... He had* chearfully undergone *all the violence of Cromwells tyranny.* Ce qui veut dire qu'il avoit *subi avec joie* toutes les violences de la tyrannie de Cromwell. En effet, on a vu que l'usurpateur l'avoit fait mettre en prison et avoit fait séquestrer ses biens; et lors même que, par une ignorance complète de la langue anglaise, on ne sauroit pas que *undergo* veut dire *subir, essuyer* des persécutions, et non les *supporter,* et que *chearfully* signifie *avec joie, avec sérénité,* et non *avec patience,* les mots qui suivent ne peuvent laisser nul doute; Vane ajoute : *And that he would now,* with equal alacrity, expose himself *to the rigors of perverted law and justice ;* c'est-à-dire qu'il est prêt *avec un égal empressement à s'exposer aux* rigueurs de la loi et de la justice pervertie. HUME, VI, 43.

3°. J'avois dit que depuis 1662 il y avoit eu quinze prétendues conspirations, dans chacune desquelles figuroient les mêmes espions, les mêmes dénonciateurs, les mêmes témoins, logés au palais, etc. On m'objecte que ces dénonciateurs étoient encouragés par le public et le parlement et non *par la cour.* J'ouvre à mon tour l'histoire de Hume, et j'y trouve, XI, 411 : This was no less than the 15th. false plot, or sham plot as it was then called, with which *the court,* as it was imagined had endeavored to load their adversaries. « Ceci n'étoit pas moins que le commise. Les Anglais pourront nous reprocher des assemblées trop peu différentes du long parlement, et des fureurs et des crimes trop semblables à leurs discordes civiles ; mais s'ils comparent leur restauration à la nôtre, ils seront forcés de nous décerner le prix de la modération, de la générosité et de la sagesse. Leur parlement crut ne pouvoir rendre hommage au sou-

---

« quinzième complot dont *la cour*, à ce qu'on imaginoit, « avoit tâché de charger ses adversaires. » Et plus loin, ce qui complète l'évidence et empêche qu'on ne voie dans ces paroles, *à ce qu'on imaginoit*, un doute de l'historien, je vois encore, pag. 412 : « The whole gang of spies, « witnesses, informers, and suborners, who had so long « been supported and encouraged by the leading patriots, « finding now that the king was entirely master, turned « short upon their old patrons, and offered their services to « the ministers. *To the disgráce of the courtand of theage*, « they were received with hearty welcome, and their « testimony or rather perjury made use of, in order to « commit legal murder upon the opposite party. » « Toute la bande des espions, témoins, délateurs et su « borneurs, qui avoit long-temps été encouragée par les « patriotes dominans, se retourna contre ses anciens pa « trons et offrit ses services aux ministres, à la honte de « la *cour* et du siècle ; ils furent accueillis avec empres « sement, etc.

Je laisse au public à juger lequel de l'anonyme ou de moi a défiguré les faits.

4

verain légitime qu'en abandonnant tous les droits du peuple. Nos représentans, fidèles au trône, n'en sont pas moins fidèles à la liberté qui, en effet, est l'appui du trône. Le prince anglais ne sut ni contenir ses amis, ni pardonner à ses adversaires. Le nôtre, par ses préceptes et plus encore par ses augustes exemples, a mis une digue à toutes les haines et fait disparoître tous les souvenirs dangereux.

Il m'a semblé qu'une déviation à la charte constitutionnelle, des restrictions à la manifestation de la pensée, une loi de circonstance, en un mot, n'était pas sans quelque danger, dans un moment où la jouissance de la constitution toute entière avoit déjà produit tant d'incontestables avantages. Il m'a semblé que c'étoit à tort que l'on prétendoit que la liberté ne nous convenoit pas, parce que nous étions moins sages que les Anglais. Dans la circonstance la plus importante, la plus décisive pour nos destinées futures, nous nous sommes montrés plus sages qu'ils ne le furent dans une circonstance analogue. Le but qu'ils n'ont atteint que par deux efforts réunis, un seul nous a suffi pour l'atteindre.

J'ai donc repris la plume avant que la loi ne fût portée : j'ai choisi pour texte de mes obser-

vations l'apologie que le ministre avoit présentée
du projet de loi. Tout le monde reconnoît ses
lumières, tout le monde rend justice à l'étendue
de son esprit et à la sagacité de ses vues. J'ai dû
croire qu'il étoit le plus habile défenseur de son
projet, et dans cette persuasion j'ai pris la liberté
d'analyser sa défense.

J'ai tâché de rédiger mes observations dans
un style qui ne pût l'offenser en rien. Étranger à
sa personne, j'éprouve pour lui, comme tout le
public, la considération que ses talens lui ont
acquise, et je partage sûrement avec lui la conviction que la monarchie, la constitution et la
liberté sont aujourd'hui trois élémens indispensables au salut de la France, et dont on ne peut
retrancher aucun. Lorsque vingt-cinq années d'o-
rage ont abattu les institutions antiques d'un
peuple, et que le vent de la tempête a dispersé
jusqu'à leur souvenir, les fragmens qui restent
peuvent être respectables, mais il faut des ap-
puis plus forts pour des constructions nouvelles,
et l'amour du prince comme l'intérêt du peuple
rendent également désirable que l'édifice social
ne repose pas sur des colonnes brisées.

FIN.